escola - sakola	2
viatge - lalampahan	5
transport - transportasi	8
ciutat - kota	10
paisatge - pamandangan	14
restaurant - restoran	17
supermercat - supermarkét	20
begudes - inuman	22
menjar - dahareun	23
granja - pertanian	27
casa - imah	31
sala d'estar - rohang tamu	33
cuina - dapur	35
bany - kamar ibak	38
cambra de nen - kamar budak	42
roba - acuk	44
oficina - kantor	49
economia - ékonomi	51
oficis - pagawéan	53
eines - alat	56
instrument de música - alat musik	57
zoo - kebon binatang	59
esports - olahraga	62
activitats - aktivitas	63
família - kulawarga	67
cos - awak	68
hospital - rumah sakit	72
urgència - darurat	76
terra - Bumi	77
rellotge - jam	79
setmana - minggu	80
any - taun	81
formes - bentuk	83
colors - warna-warna	84
oposats - sabalikna	85
nombres - angka-angka	88
llengües - basa-basa	90
qui / què / com - saha / naon / kumaha	91
on - di mana	92

Impressum
Verlag: BABADADA GmbH, Nedderfeld 112 , 22529 Hamburg
Geschäftsführer / Verlagsleitung: Harald Hof
Druck: Books on Demand GmbH, In de Tarpen 42, 22848 Norderstedt

Imprint
Publisher: BABADADA GmbH, Nedderfeld 112 , 22529 Hamburg, Germany
Managing Director / Publishing direction: Harald Hof
Print: Books on Demand GmbH, In de Tarpen 42, 22848 Norderstedt

escola
sakola

- classe / rohang kelas
- dividir / bagi
- tauler / papan
- pati (de l'escola) / pakarangan sakola
- professor / guru
- paper / kertas
- escriure / nyerat / nulis
- estilogràfica / kalam
- escriptori / méja gawé
- regle / jidar
- llibre / buku
- estudiant / murit

bossa
tas sakola

estoig
wadah potlot

llapis
potlot

maquineta de fer punta
rautan potlot

goma
pamupus

bloc de dibuix
kertas gambar

dibuix
gambar

pinzell
kuas cét

capsa de pintures
kotak cét

tisores
gunting

cola
lém

quadern d'exercicis
buku latihan

deures
péér

nombre
angka

afegir
nambahkeun

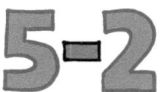

sostreure
kurang

multiplicar
kali

calcular
ngitung

lletra
surat

alfabet
alpabét

mot
kecap

escola - sakola

  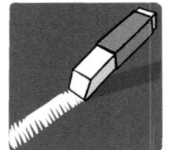

text	llegir	guix
téks	maca	kapur

lliçó	llibre de classe	examen
palajaran	daptar	ujian

certificat	uniforme escolar	formació
sértipikat	saragam sakola	atikan

enciclopèdia	universitat	microscopi
énsiklopédi	univérsitas	mikroskop

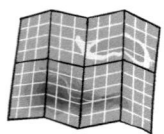 

mapa	paperera
peta	wadah runtah

escola - sakola

viatge
lalampahan

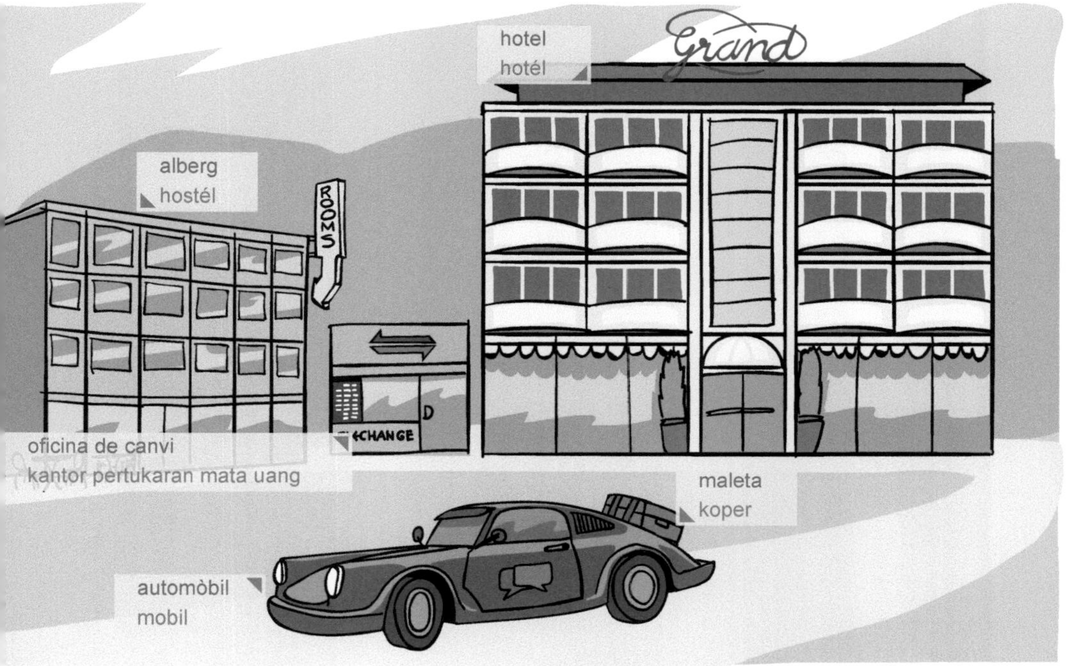

hotel
hotél
Grand
alberg
hostél
ROOMS
EXCHANGE
oficina de canvi
kantor pertukaran mata uang
maleta
koper
automòbil
mobil

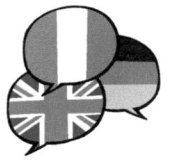

llengua

basa

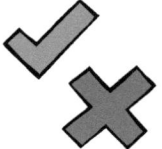

sí / no

muhun / henteu

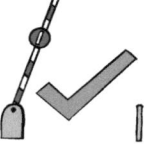

D'acord

oké

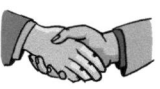

salut

hei

traductor

panarjamah

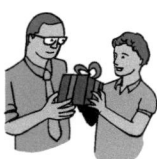

gràcies

hatur nuhun

Quant costa… ?
sabaraha hargana…?

No entenc
abdi teu ngartos

problema
masalah

Bona nit!
Wilujeng wengi!

bon dia!
Wilujeng siang!

bona nit!
Wilujeng wengi!

fins aviat
mugi patepang deui

direcció
arah

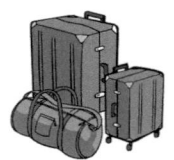

bagatge
bagasi

bossa
kantong

sarrona
ransel

convidat
tamu

cambra
rohang

sac de dormir
kantong saré

tenda
tenda

oficina de turisme
informasi wisata

platja
pantai

carta de crèdit
kartu krédit

esmorzar
sarapan

dinar
dahar beurang

sopar
dahar peuting

bitllet
tikét

ascensor
lift

segell
perangko

frontera
wates

duana
cukai

ambaixada
kedutaan

visat
visa

passaport
paspor

viatge - lalampahan

transport
transportasi

vol
kapal terbang

vaixell
parahu motor

automòbil dels bombers
mobil pemadam kebakaran

bus
beus

camió
treuk

llanxa de motor
parahu motor

bicicleta
sapeda

automòbil
mobil

transbordador
kapal féri

barca
parahu

moto
sapeda motor

automòbil de policia
mobil pulisi

automòbil de curses
mobil balap

automòbil de lloguer
mobil nyéwa

transport - transportasi

vehicle compartit mobil babarengan	grua treuk dérék	camió de les escombraries treuk runtah

motor motor	benzina bahan bakar	benzineria bénsin
	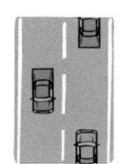	
senyal de trànsit tanda lalulintas	trànsit lalulintas	embús macét

aparcament parkir mobil	estació de trens stasiun karéta	vies trék
	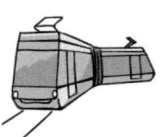	
tren karéta api	tramvia tram	vagó garobag

helicòpter
hélikopter

aeroport
bandara

torre
munara

passatger
panumpang

contenidor
konténer

capsa de cartó
karton

carretó
troli

cistella
karanjang

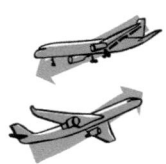
enlairar-se / aterrar
terbang / landas

ciutat
kota

poble
kampung

centre de la ciutat
tengah kota

casa
imah

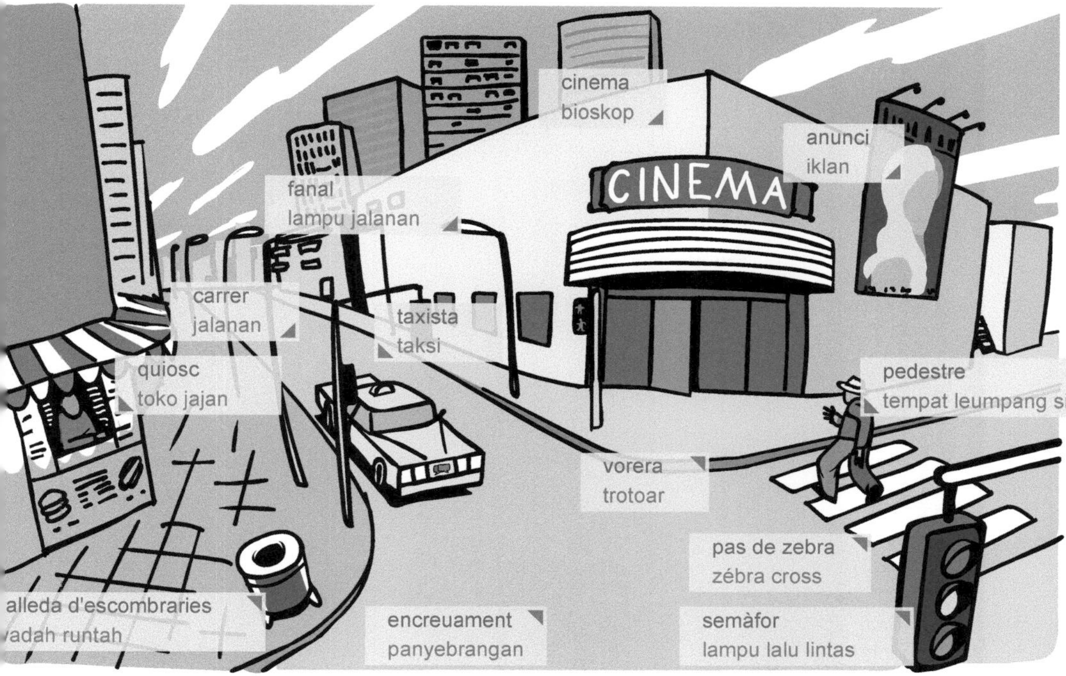

cinema
bioskop

anunci
iklan

fanal
lampu jalanan

carrer
jalanan

taxista
taksi

quiosc
toko jajan

pedestre
tempat leumpang sis

vorera
trotoar

pas de zebra
zébra cross

alleda d'escombraries
wadah runtah

encreuament
panyebrangan

semàfor
lampu lalu lintas

cabana

gubuk

apartament

imah flat

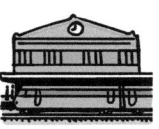

estació de trens

stasiun karéta

casa de la vila-ciutat

balai kota

museu

museum

escola

sakola

ciutat - kota

universitat
univérsitas

banca
bank

hospital
rumah sakit

hotel
hotél

farmàcia
farmasi

oficina
kantor

llibreria
toko buku

botiga
toko

floristeria
toko kembang

supermercat
supermarkét

mercat
pasar

gran magatzem
swalayan

peixateria
nalayan

centre comercial
pusat balanja

port
palabuan

ciutat - kota

parc
kebon

banc
korsi

pont
sasak

escala
tangga

metro
kareta bawah tanah

túnel
torowongan

baixada d'autobús
halte beus

bar
bar

restaurant
restoran

bústia de correu
kotak surat

senyal indicador
tanda jalan

parquímetre
meteran parkir

zoo
kebon binatang

piscina
kolam renang

mesquita
masigit

ciutat - kota

granja
pertanian

pollució
polusi

cementiri
kuburan

església
gareja

parc infantil
tempat ulin

temple
pura

paisatge
pamandangan

- fulla / daun
- cartell indicador / panunjuk arah
- camí / jalanan
- prat / ladang jukut
- pedra / batu
- arbre / tangkal
- excursionista / tukang leumpang
- riu / susukan
- gespa / jukut
- flor / kembang

paisatge - pamandangan

vall
lengkob

muntanya
bukit

llac
tasik

bosc
leuweung

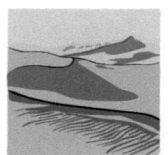
desert
gurun

volcà
gunung marapi

castell
karaton

arc de Sant Martí
katumbiri

bolet
suung

palmera
tangkal palem

moscard
reungit

mosca
laleur

formiga
sireum

abella
nyiruan

aranya
lamat lancah

paisatge - pamandangan

escarabat
nyiruan

granota
bangkong

esquirol
bajing

eriçó
landak

llebre
kalinci

òliba
bueuk

ocell
manuk

cigne
soang

senglar
bagong

cervo
kijang

ant
kijang

presa
bendungan

turbina
turbin angin

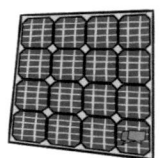

panell solar
panél surya

clima
iklim

paisatge - pamandangan

restaurant
restoran

primer plat
hidangan pembuka

plat principal
hidapan utama

darreries
hidangan penutup

begudes
inuman

menjar
dahareun

ampolla
botol

restaurant - restoran

menjar ràpid
dahareun cepat saji

menjar de carrer
jajanan sisi jalan

tetera
téko téh

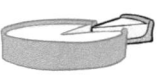

sucrer
wadah gula

porció
porsi

màquina d'espresso
mesin éspréso

trona
korsi jangkung

factura
tagihan

plata
baki

ganivet
péso

forquilla
garpu

cullera
séndok

cullereta
séndok téh

tovalló
serbét

got
gelas

restaurant - restoran

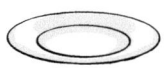

plat
piring

plat de sopa
mangkok sop

plateret
pisin

salsa
saos

saler
wadah uyah

molinet de pebre
panggiling pedes

vinagre
cuka

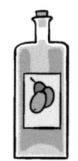

oli
minyak

espècies
bumbu

quètxup
saos tomat

mostassa
mustard

maionesa
mayonés

restaurant - restoran

supermercat
supermarkét

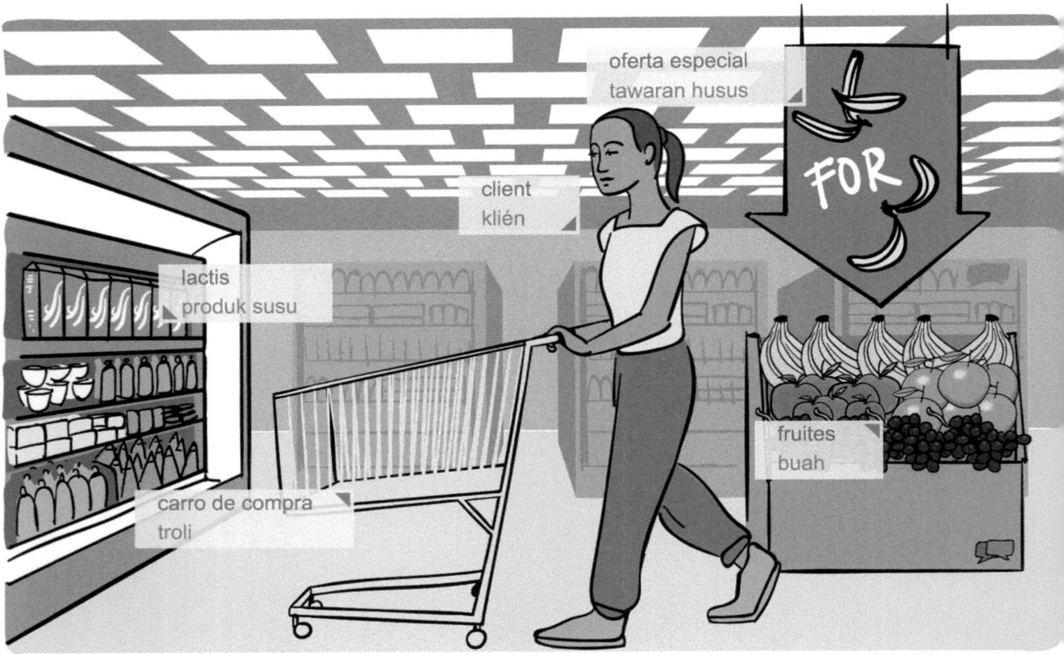

oferta especial
tawaran husus
FOR
client
klién
lactis
produk susu
fruites
buah
carro de compra
troli

BUTCHERS

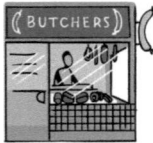

carnisseria

tukang meuncit

BAKERY

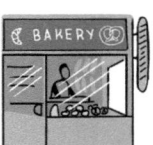

forn de pa

toko roti

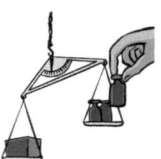

moure

nimbang

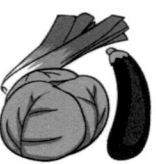

verdures

sayur

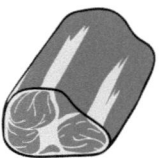

carn

daging

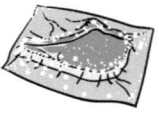

menjar congelat

tuangeun beku

carn freda
alat potong daging

conserves
dahareun kaléng

detergent en pols
sabun serbuk

dolços
permén

articles domèstics
perkakas rumah tangga

productes de neteja
produk pembersih

venedora
tukang jualan

caixa registradora
kasa

caixer
kasir

llista de la compra
daftar balanja

horari d'obertura
jam buka

portamonedes
dompét

carta de crèdit
kartu krédit

bossa
kantong

bossa de plàstic
kantong palastik

supermercat - supermarkét

begudes
inuman

aigua
cai

suc
jus

llet
susu

coca-cola
kola

vi
anggur

cervesa
arak

alcohol
arak

cacau
coklat

te
téh

cafè
kopi

espresso
éspréso

cappuccino
kapucino

menjar
dahareun

banana
pisang

poma
apel

taronja
jeruk

síndria
samangka

llimona
lémon

pastanaga
wortel

all
bawang bodas

bambú
awi

ceba
bawang bombai

bolet
suung

avellanes
suuk

fideus
emih

espaguetis
spagéti

arròs
sangu

amanida
salat

patates fregides
kentang goréng

patates fregides
kentang goréng

pizza
pitsa

hamburguesa
hamburger

entrepà
roti lapis

escalopa
sakeureut daging

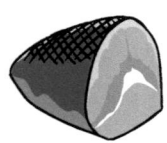

cuixot
ham

salami
salami

salsitxa
sosis

pollastre
hayam

rostit
ngagoreng

peix
lauk

menjar - dahareun

flocs de civada

bubur gandum

musli

séréal

cereals

cornflakes

farina

tarigu

croissant

croissant

panet

roti

pa

roti

torrada

roti panggang

bescuits

biskuit

mantega

mantéga

quallada

dadih

pastís

kuéh

ou

endog

ou fregit

goréng endog

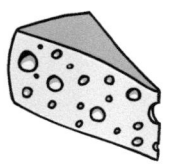

formatge

keju

menjar - dahareun

gelat eskrim	sucre gula	mel madu

melmelada selé	crema de xocolata krim coklat	curri karé

granja
pertanian

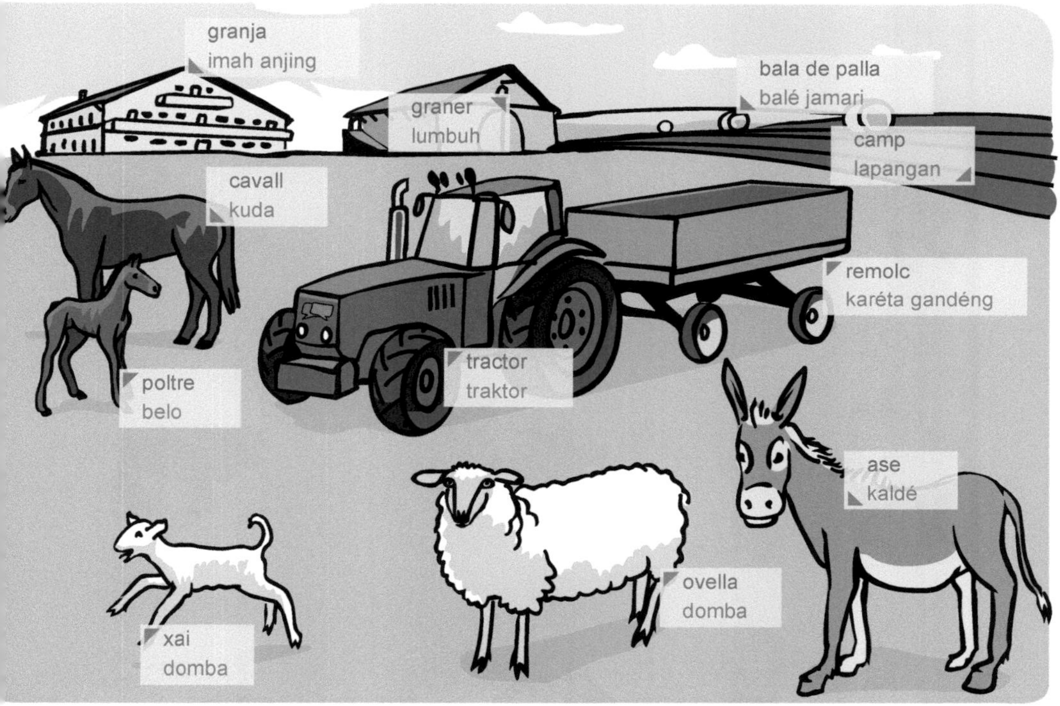

granja / imah anjing
graner / lumbuh
bala de palla / balé jamari
camp / lapangan
cavall / kuda
remolc / karéta gandéng
poltre / belo
tractor / traktor
ase / kaldé
xai / domba
ovella / domba

cabra
embé

vaca
sapi

vedella
bitis

porc
bagong

garrí
babi

bou
banténg

oca
soang

ànec
éntog

poll
pitik

gall
hayam

gallina
hayam jago

rata
beurit

gat
ucing

ratolí
beurit

bou
sapi

gos
anjing

gossera
imah anjing

mànega de reg
selang

regadora
kaléng nyiram

dalla
arit panjang

arada
ngabajak

granja - pertanian

falç
arit

aixada
pacul

rastell
garpuh jukut

destral
kapak

carretó
gorobah

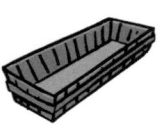
abeurador
palung

lletera
kaléng susu

sac
karung

tanca
pager

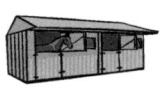
establa
kandang

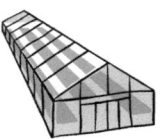
hivernacle
imah kaca

sòl
taneuh

llavor
benih

adob
pupuk

collidora
mesin permén

granja - pertanian

collir
panén

collita
panén

nyam
yams

blat
gandum

soja
kedelé

patata
kentang

blat de moro o d'indi
jagong

colza
lobak

arbre fruiter
tangkal buah

mandioca
sampeu

cereals
séréal

granja - pertanian

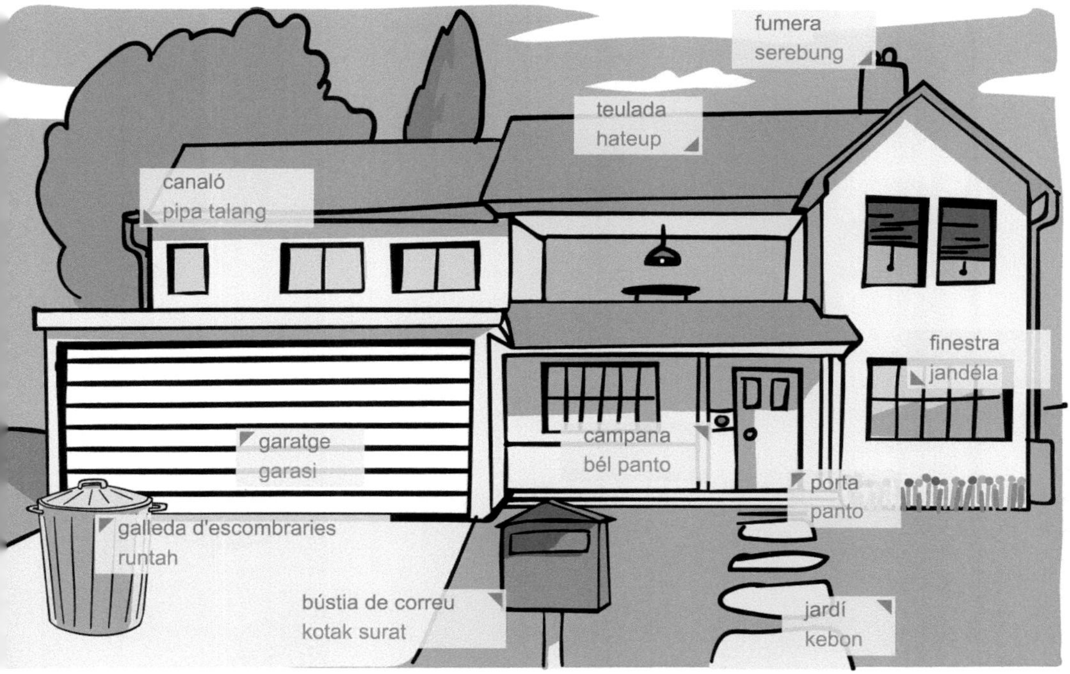

casa
imah

fumera / serebung
teulada / hateup
canaló / pipa talang
finestra / jandéla
garatge / garasi
campana / bél panto
porta / panto
galleda d'escombraries / runtah
bústia de correu / kotak surat
jardí / kebon

sala d'estar
rohang tamu

bany
kamar ibak

cuina
dapur

cambra de dormir
pangkéng

cambra de nen
kamar budak

menjador
kamar makan

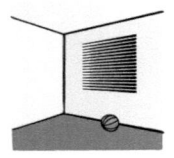

sòl
téhel

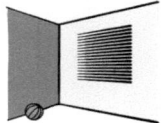

paret
tembok

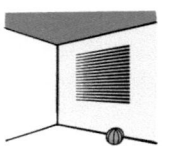

sostre
hateup

soterrani
gudang di handap imah

sauna
sauna

balcó
balkon

terrassa
tepas

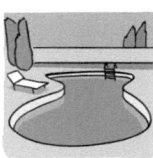

piscina
kolam renang

tallagespa
mesin pamotong jukut

vànova
sepré

cobrellit
simbut

llit
ranjang

escombra
sapu

galleda
émbér

interruptor
tombol

casa - imah

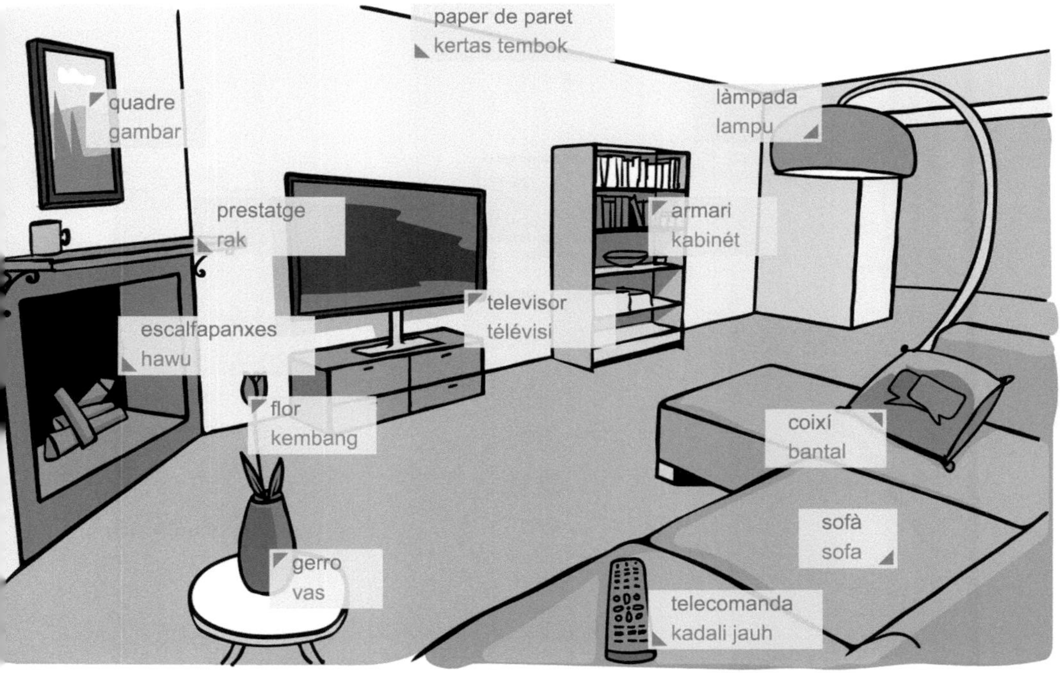

sala d'estar
rohang tamu

- paper de paret / kertas tembok
- quadre / gambar
- làmpada / lampu
- prestatge / rak
- armari / kabinét
- escalfapanxes / hawu
- televisor / télévisi
- flor / kembang
- coixí / bantal
- gerro / vas
- sofà / sofa
- telecomanda / kadali jauh

catifa
karpét

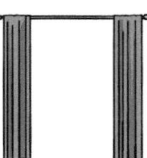

cortina
hordéng

taula
meja

cadira
korsi

cadira gronxadora
korsi goyang

cadiral
korsi malas

sala d'estar - rohang tamu

llibre	llençol	decoració
buku	simbut	dékorasi

foguera	film	cadena de música
suluh	pilem	hi-fi

clau	diari	pintura
konci	surat kabar	lukisan

cartell	ràdio	bloc de notes
poster	radio	buku tulis

aspiradora	cactus	candela
panyedot kebul	kaktus	lilin

sala d'estar - rohang tamu

cuina
dapur

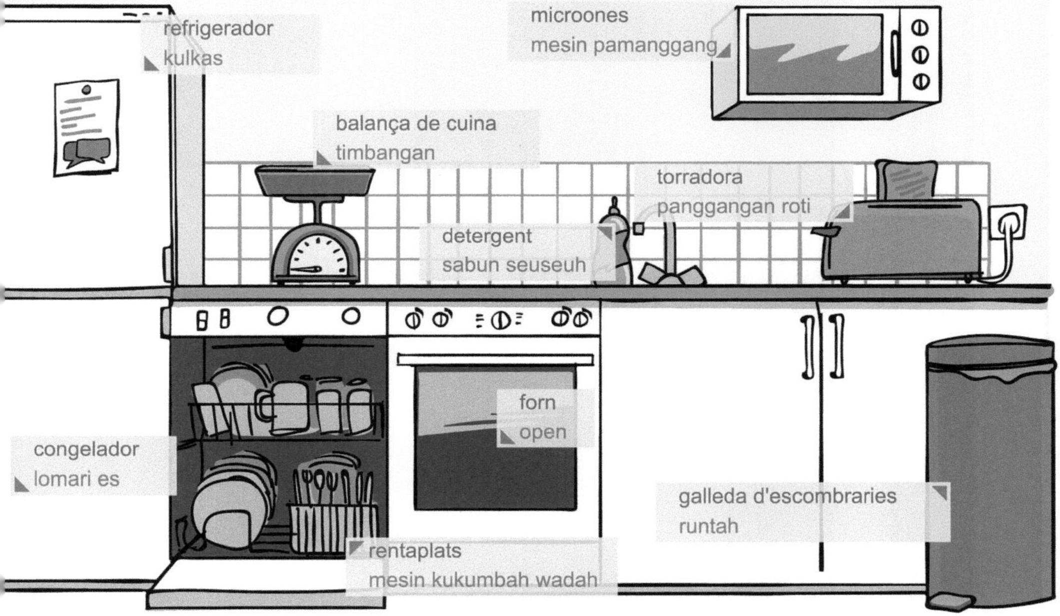

refrigerador
kulkas

microones
mesin pamanggang

balança de cuina
timbangan

torradora
panggangan roti

detergent
sabun seuseuh

congelador
lomari es

forn
open

galleda d'escombraries
runtah

rentaplats
mesin kukumbah wadah

fogons
kompor

olla
panci

olla de ferro colat
panci beusi

wok / karahi
katél

paella
panci

bullidor
citél

cuina - dapur

olla de vapor
langseng

plata de forn
baki

vaixella
piring

tassó
cangkir

bol
mangkok

bastonets xinesos
sumpit

culler
sendok sop

espàtula
sérok

batedor
pangocok

colador
ayakan

sedàs
saringan

ratllador
parutan

morter
mortar

barbacoa
daging bakar

fogó
suluh

cuina - dapur

taula de tallar

papan pamotong

corró

gilingan

llevataps

alat pambuka tutup botol

pot de conserva

kaléng

obridor

pambuka kaléng

agafador

gagang panci

aigüera

tilelep

raspall

sikat

esponja

busa

batedora

blénder

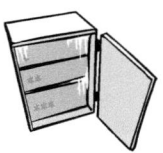

congelador

lomari es

biberó

botol orok

aixeta

keran

cuina - dapur 37

bany
kamar ibak

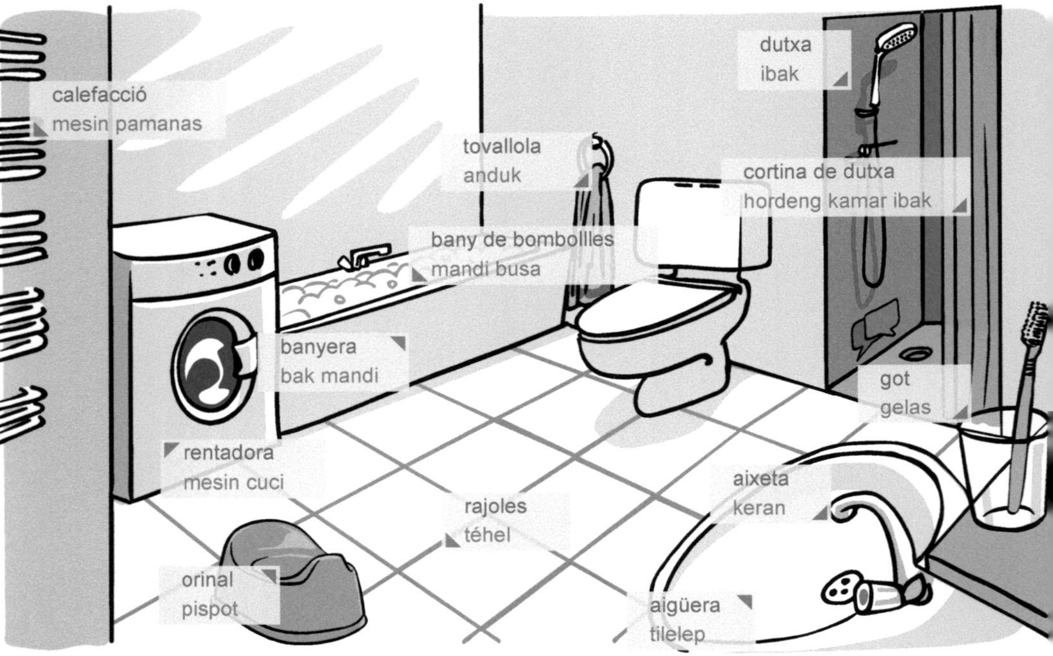

- dutxa / ibak
- calefacció / mesin pamanas
- tovallola / anduk
- cortina de dutxa / hordeng kamar ibak
- bany de bombolles / mandi busa
- banyera / bak mandi
- got / gelas
- rentadora / mesin cuci
- aixeta / keran
- rajoles / téhel
- orinal / pispot
- aigüera / tilelep

lavabo
jamban

lavabo turc
cubluk

bidet
bidét

orinador
urinal

paper higiènic
kertas jamban

escombreta de sanitari
sikat jamban

bany - kamar ibak

raspall de dents

sikat huntu

pasta de dents

odol

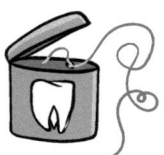

fil dental

benang gigi

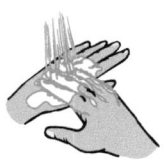

rentar

nyeuseuh

pom de dutxa

kokocoran leungeun

dutxa íntima

kukucuran

rentamans

bak

raspall per a l'esquena

panyikat tonggong

sabó

sabun

gel de dutxa

gel ibak

xampú

sampo

manyopla de bany

planél

bonera

nguras

crema

krim

desodorant

déodoran

bany - kamar ibak

mirall
eunteung

mirall-espill de mà
eunteung leungeun

maquineta de rasar
péso cukur

espuma de barbejar
busa cukur

loció post-rasada
krim cukur

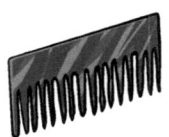

pinta
sisir

raspall
sikat

eixugador
alat panggaring rambut

laca
semprotan rambut

maquillatge
pangrias beungeut

pintallavis
lipstik

esmalt d'ungles
cét kuku

cotó
kapas

tallaungles
gunting kuku

perfum
minyak seungit

bany - kamar ibak

necesser
kantong seuseuh

tamboret
bangku

bàscula
timbangan

barnús
baju mandi

guants de goma
sarung tangan karét

tampó
sampon

compresa
handuk pembalut

sanitari químic
jamban kimia

cambra de nen
kamar budak

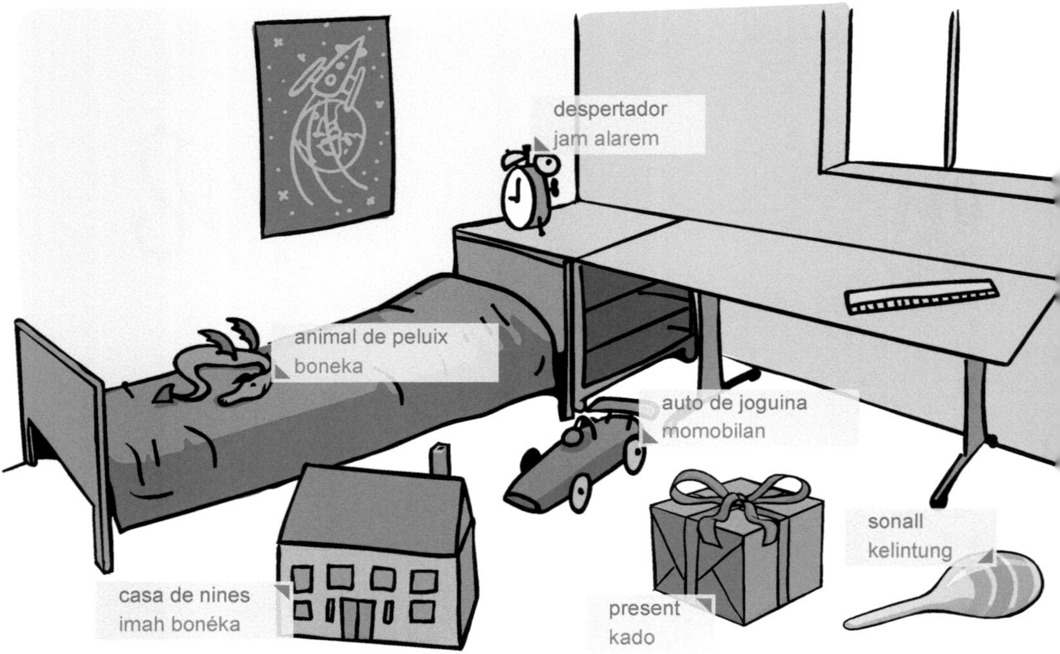

despertador
jam alarem
animal de peluix
boneka
auto de joguina
momobilan
sonall
kelintung
casa de nines
imah bonéka
present
kado

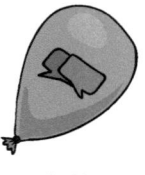

baló
balon

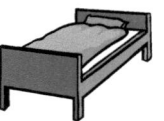

llit
ranjang

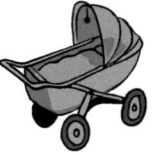

cotxet per a nens
karéta orok

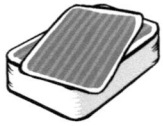

joc de cartes
kartu

trencaclosca
tatarucingan

SUPER MEGA

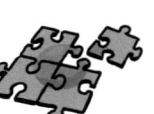

historieta
komik

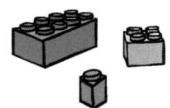

peces de lego

kaulinan lego

pedres de construcció

kaulinan bentuk blok

ninot d'acció

figur tokoh

granota

baju budak

frisbee

frisbee

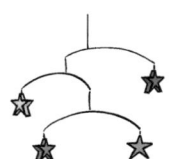

mòbil per a bressol

mobile

joc de taula

papan gim

daus

dadu

tren elèctric

set model kareta api

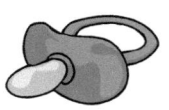

maniquí

endot

festa

pihak

llibre de dibuixos

buku gambar

pilota

bal

nina

bonéka

jugar

ulin

cambra de nen - kamar budak

sorrera

wadah pasir maénan

gronxador

ayunan

joguines

kaulinan

consola de jocs de vídeo

video gim konsol

tricicle

sapedah roda tilu

osset de pelfa

bonéka beruang

armari

lomari baju

roba
acuk

mitjons

kaos kaki

mitges

kaos kaki

mitja pantaló

baju ketat

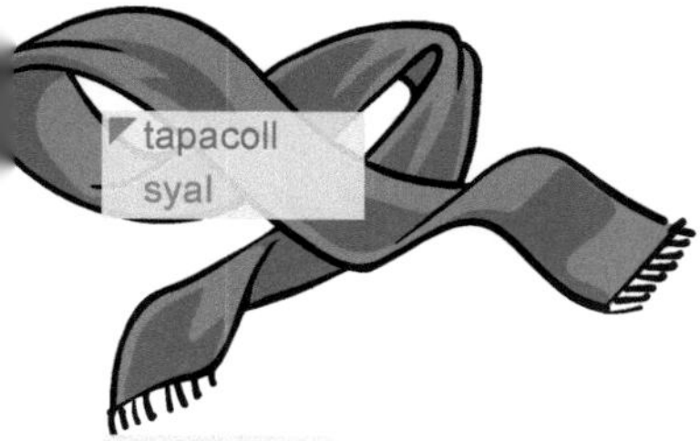

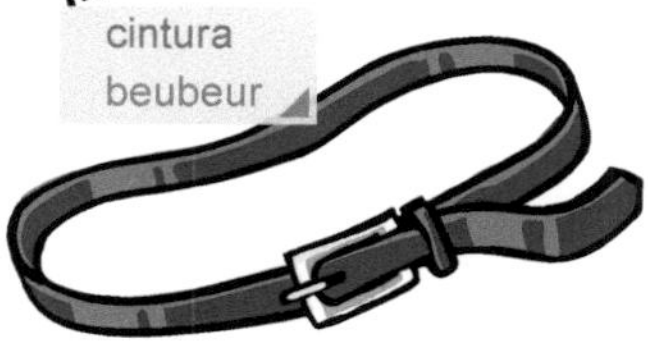

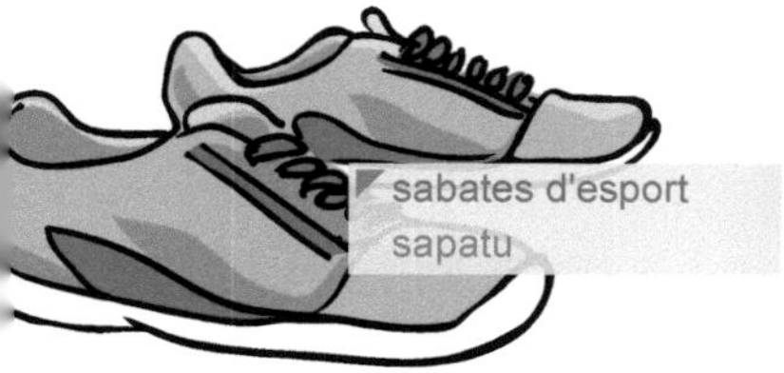

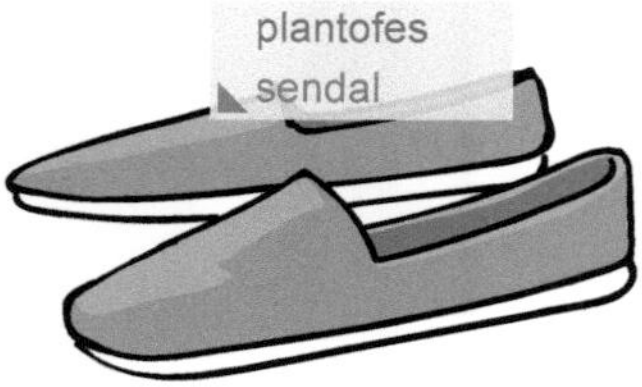

tapacoll
syal

paraigua
payung

cintura
beubeur

camiseta
kaos

botes
sapatu bot

plantofes
sendal

sabates d'esport
sapatu

sandàlies
sendal

sabates
sapatu

botes de goma
sapatu bot karét

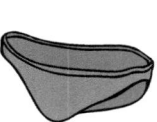

calçotets
cangcut

sostenidor
kutang

guardapits
baju rompi

bodi
awak

pantalons
calana

jeans
jins

faldeta
rok

brusa
blus

camisa
kaméja

jersei
jakét tiung

dessuadora
baju haneut

blazer
jakét

jaqueta
jakét

mantell
jakét

impermeable
jas hujan

vestit de dona
kostum

vestit de dona
gaun

vestit de núvia
gaun pangantén

vestit d'home

baju resmi

camisa de dormir

baju saré

pijama

piyama

sari

sari

mocador de cap

tiung

turbant

turban

burca

burka

caftan

kaftan

abaia

abaya

vestit de bany

baju renang

calçotet de bany

calana renang

pantalons curts

calana péndék

xandall

orang raga

davantal

celemék

guants

sarung tangan

botó
kancing

ulleres
kaca soca

braçalet
gelang

collaret
kongkorong

anell
ali

orellera
giwang

casquet
topi

penjador
gantungan jakét

barret
topi

corbata
dasi

cremallera
risléting

casc
hélem

elàstics
tali salémpang

uniforme escolar
saragam sakola

uniforme
saragam

roba - acuk

pitet
apron orok

maniquí
endot

bolquer
popok

oficina
kantor

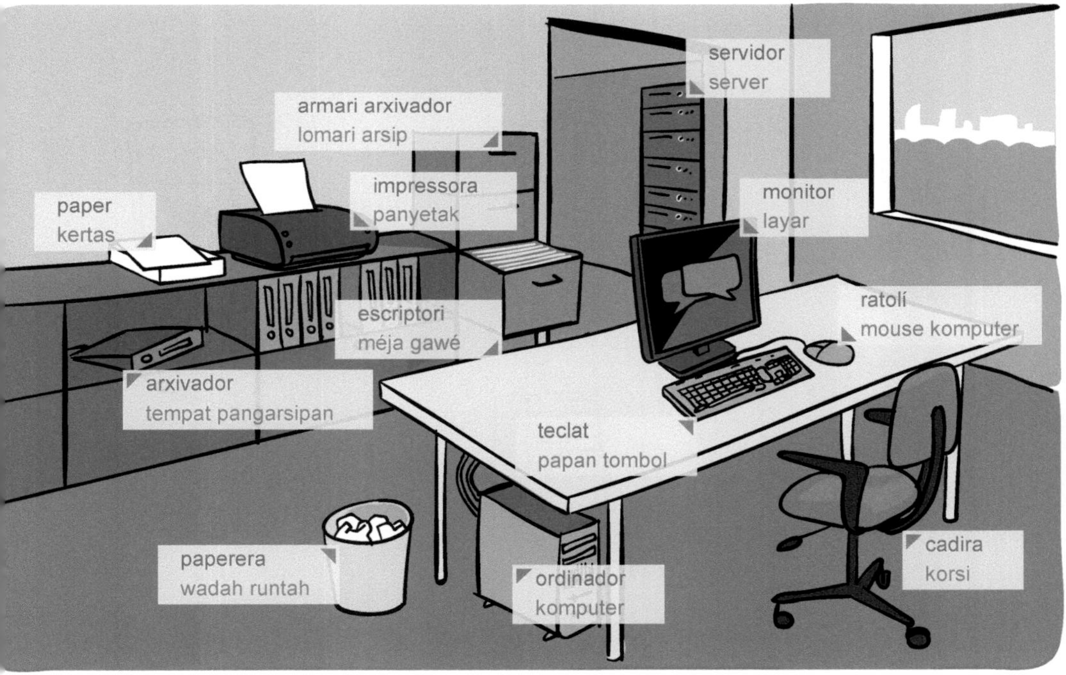

- servidor / server
- armari arxivador / lomari arsip
- impressora / panyetak
- paper / kertas
- monitor / layar
- escriptori / méja gawé
- ratolí / mouse komputer
- arxivador / tempat pangarsipan
- teclat / papan tombol
- paperera / wadah runtah
- ordinador / komputer
- cadira / korsi

tassa de cafè
cangkir kopi

calculadora
kalkulator

Internet
internét

ordinador portàtil
laptop

lletra
surat

missatge
pesen

mòbil
telpon sélulér

xarxa
jaringan

fotocopiadora
fotokopi

programari
software

telèfon
telpon

presa de corrent
plug sokét

fax
mesin fax

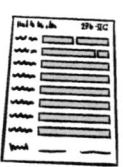

formulari
formulir

document
dokumén

oficina - kantor

economia
ékonomi

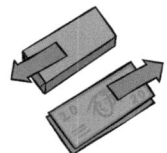
comprar
mésér

pagar
mayar

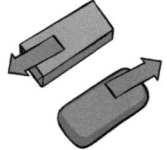
comerciar
dagang

diners
artos

dòlar
dollar

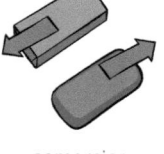

euro
euro

ien
yen

ruble
rubel

franc suís
Franc swiss

renminbi yuan
renminbi yuan

rupia
rupiah

caixer automàtic
ATM

oficina de canvi
kantor pertukaran mata uang

or
emas

argent
pérak

petroli
minyak

energia
énérgi

preu
harga

contracte
kontrak

impost
pajak

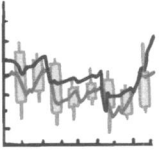
acció
saham

treballar
gawé

treballador
karyawan

empresari
dunungan

fàbrica
pabril

botiga
toko

economia - ékonomi

oficis
pagawéan

oficial de policia
petugas pulisi

bomber
pemadam kebakaran

cuiner
koki

doctor
dokter

pilot
pilot

jardiner
tukan kebon

fuster
tukang kai

costurer
tukang jait awéwé

jutge
hakim

químic
ahli kimia

actor
aktor

conductor d'autobús
sopir beus

taxista
sopir taksi

pescador
nalayan

dona de la neteja
pembantu

ensostrador
tukang hateup

cambrer
badega

caçador
tukang muru

pintor
pelukis

forner
tukang roti

electricista
tukang listrik

obrer de la construcció
tukang bangun

enginyer
insinyur

carnisser
tukang daging

llanterner
tukang pipa

correu
tukang pos

oficis - pagawéan

soldat
tentara

arquitecte
arsiték

caixer
kasir

florista
tukang kembang

perruquer
tukang salon

revisor
konduktor

mecànic
tukang méngkél

capità
kaptén

dentista
dokter gigi

científic
ilmuwan

rabí
rabbi

imam
imam

monjo
biarawan

cura
pendéta

oficis - pagawéan

eines
alat

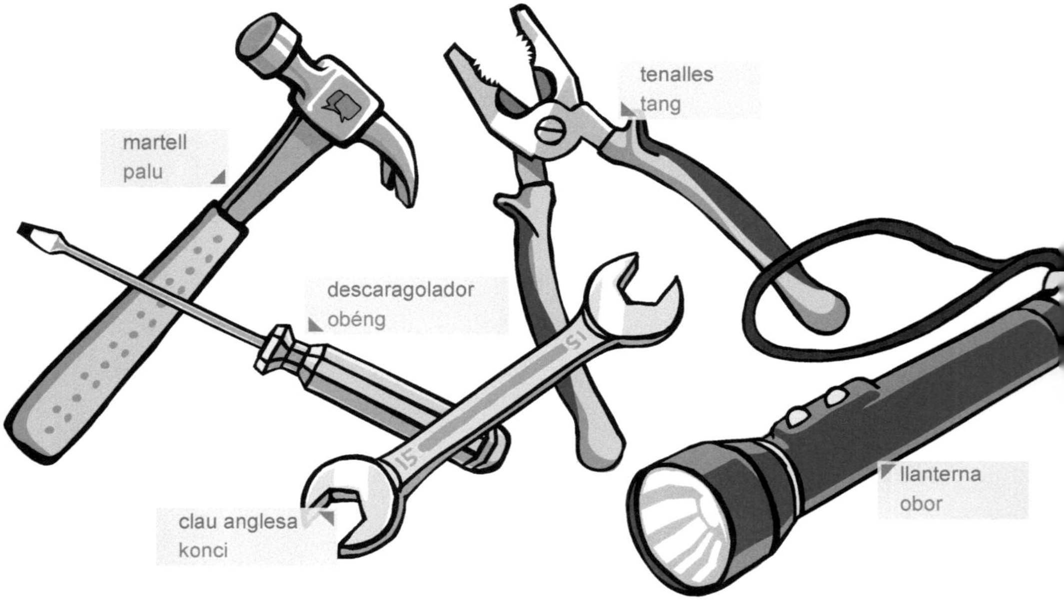

martell
palu

tenalles
tang

descaragolador
obéng

clau anglesa
konci

llanterna
obor

excavadora
panggali

caixa d'eines
kantong parkakas

escala
tangga

serra
ragaji

claus
paku

trepant
bor

reparar
ngabenerkeun

pala
sekop

Maleït siga!
Kéhéd!

pala
pengki

pot de pintura
pot cét

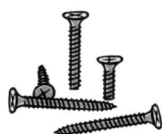

caragols
sekrup bor

instrument de música
alat musik

- contrabaix / bas
- bateria / alat dreum
- altaveu / spiker
- trompeta / tarompét
- guitarra / gitar

piano
piano

violí
violin

baix
bas

timbal
tambur

tambor
dreum

teclat
keyboard

saxofon
saksofon

flauta
suling

micròfon
mikrofon

instrument de música - alat musik

zoo
kebon binatang

- entrada / panto asup
- tigre / maung
- gàbia / kandang
- zebra / sebra
- aliment per a animals / parab
- ós panda / panda

animals
sato

elefant
gajah

cangurú
kanguru

rinoceront
badak

goril·la
gorila

ós
biruang

camell
onta

estruç
manuk onta

lleó
singa

simi
monyét

flamenc
flamingo

papagai
manuk béo

ós polar
biruang polar

pingüí
penguin

ca mari
hiu

paó
merak

serp
oray

cocodril
buaya

guardià del zoo
tukang jaga kebon binatang

foca
anjing laut

jaguar
jaguar

zoo - kebon binatang

poni
kuda poni

lleopard
macan tutul

hipopòtam
kuda nil

girafa
jerapah

àliga
heulang

senglar
bagong

peix
lauk

tortuga
kuya

morsa
anjing laut

guineu
robah

gasela
kijang

zoo - kebon binatang

esports
olahraga

activitats
aktivitas

- altar / gaganjleng
- abraçar / nangkeup
- riure / seuri
- anar / leumpang
- cantar / nyanyi
- somiar / ngimpén
- pregar / ngadoa
- fer un petó / nyium

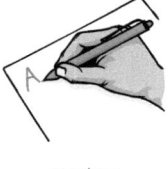

escriure
nyerat / nulis

dibuixar
ngalukis

mostrar
ningalikeun

empènyer
ngadorong

donar
méré

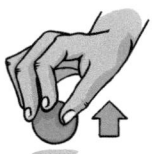

prendre
mawa

activitats - aktivitas

tenir
boga

fer
ngalakukeun

ésser
nya éta

estar dret
tatih

córrer
lumpat

estirar
narik

llençar
malédog

caure
ragrag

jeure
saré

esperar
nungguan

portar
nyandak

asseure's
diuk

vestir-se
anggé acuk

dormir
saré

despertar-se
hudang

mirar
ningali

plorar
méwék

picar
ngusapan

pentinar
nyisir

parlar
nyarita

comprendre
ngarti

demanar
naros

escoltar
ngadéngé

beure
nginum

menjar
dahar

endreçar
bébérés

estimar
bogoh

cuinar
masak

conduir
nyetir

volar
hiber

activitats - aktivitas

navegar
balayar

calcular
ngitung

llegir
maca

aprendre
diajar

treballar
gawé

casar-se
kawin

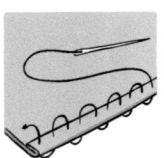
cosir
ngajait

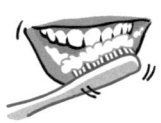
raspallar-se les dents
sikat huntu

matar
maéhan

fumar
ngarokok

enviar
ngirim

activitats - aktivitas

família
kulawarga

àvia / nini
avi / aki
pare / bapak
mare / emak
nadó / orok
filla / budak awéwé
fill / budak lalaki

convidat
tamu

tia
bibi

oncle
emang

germà
aa

germana
tétéh

cos
awak

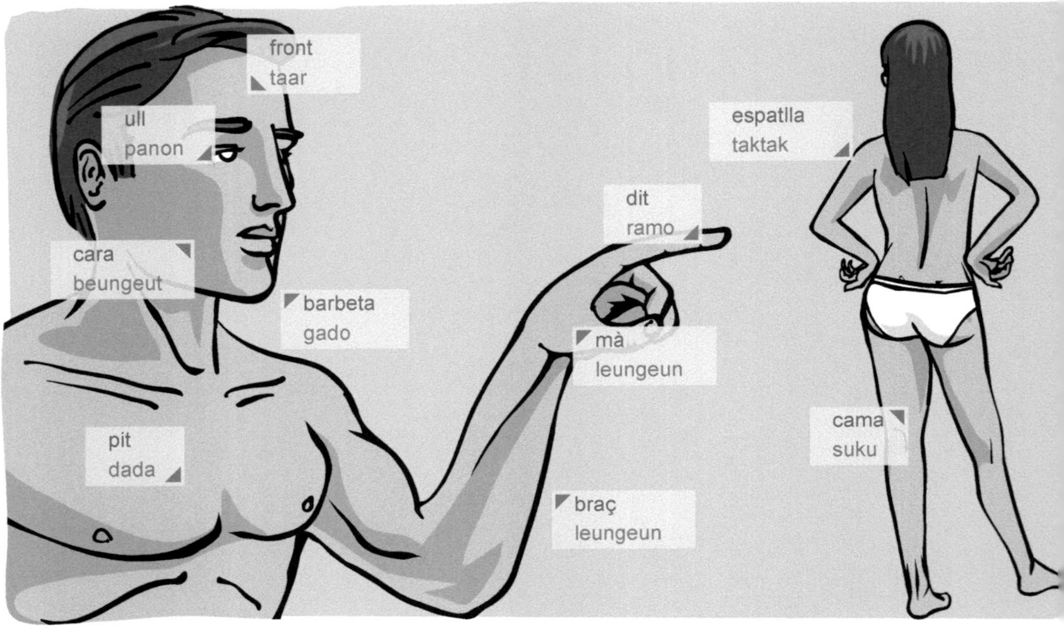

- front / taar
- ull / panon
- cara / beungeut
- barbeta / gado
- pit / dada
- espatlla / taktak
- dit / ramo
- mà / leungeun
- cama / suku
- braç / leungeun

nadó
orok

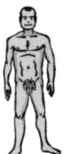
home
lalaki

dona
awéwé

noia
awéwé

noi
lalaki

cap
sirah

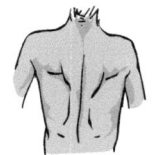

esquena
tonggong

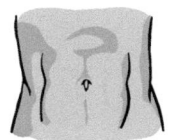

panxa
beuteung

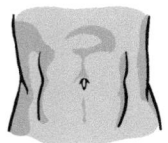

melic
bujal

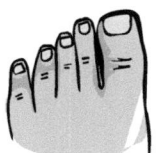

dit gros del peu
jempol

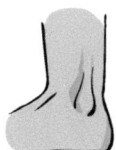

taló
keuneung

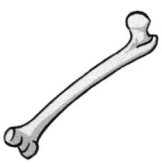

os
tulang

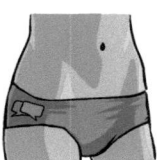

maluc
cangkéng

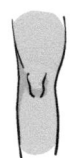

genoll
tuur

colze
sikut

nas
irung

cul
bujur

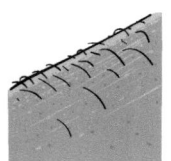

pell
kulit

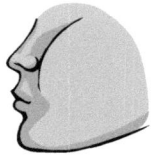

galta
pipi

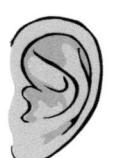

orella
ceuli

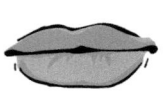

llavi
biwir

boca
baham

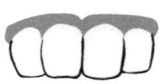

dent
huntu

llengua
létah

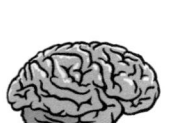

cervell
uteuk

cor
haté

múscul
otot

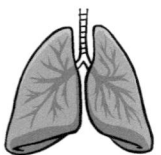

pulmó
bayah

fetge
ati

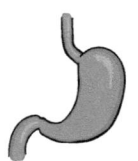

estómac
lambung

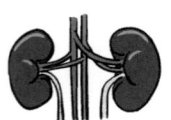

ronyó
ginjal

sexe
sapatemon

preservatiu
kondom

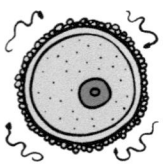

ovari
sél telur

semen
spérma

prenyat
kakandungan

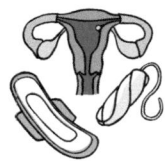
menstruació
haid

vagina
heunceut

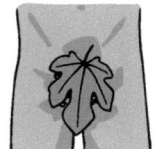
penis
sirit

cella
halis

cabells
buuk

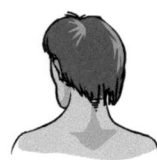
coll
beuheung

hospital
rumah sakit

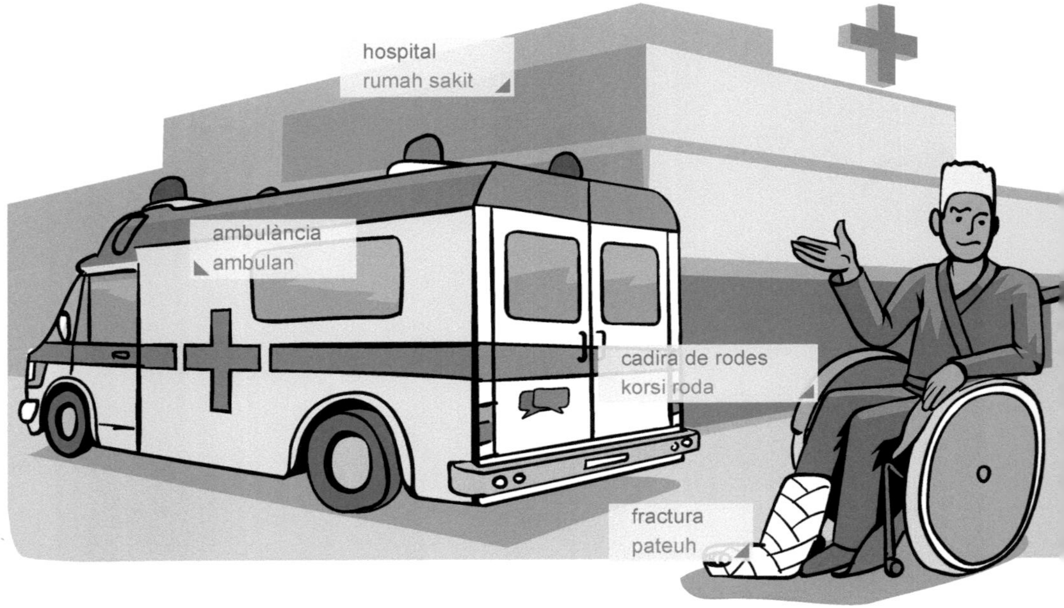

hospital / rumah sakit

ambulància / ambulan

cadira de rodes / korsi roda

fractura / pateuh

doctor
dokter

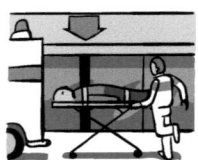

sala d'urgències
rohang darurat

infermera
parawat

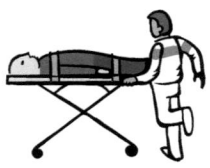

urgència
darurat

inconscient
pingsan

dolor
nyeri

ferida
tatu

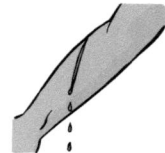
sagnament
ngaluarkeun getih

atac de cor
jantungan

apoplexia
strok

al·lèrgia
alérgi

tos
batuk

febre
muriang

gripa
salésma

diarrea
birit

mal de cap
rieut

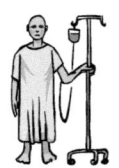
càncer
kanker

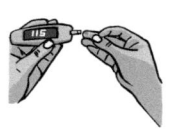
diabetis
diabétés

cirurgià
ahli bedah

escalpel
péso bedah

operació
operasi

hospital - rumah sakit

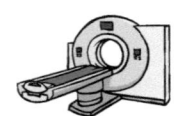

tomografia computada (TC),
TAC
CT

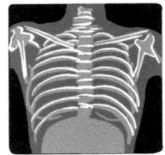

raigs x
sinar x

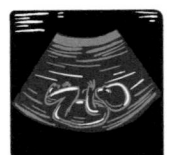

ultrasò
usg

mascareta
topéng

malaltia
panyakit

sala d'espera
rohang tunggu

crossa
pangrojong

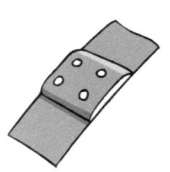

tireta
paléstér

embenat
perban

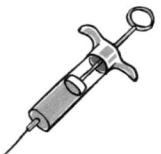

injecció
injéksi

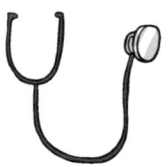

estetoscopi
stétoskop

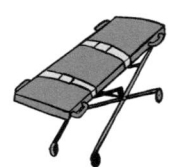

llitera
tandu

termòmetre clínic
termométer klinis

pariment
kalahiran

sobrepès
obésitas

hospital - rumah sakit

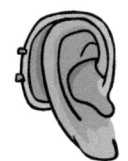  

aparell auditiu	desinfectant	infecció
alat bantu dédéngéan	désinféktan	inféksi

virus	VIH / SIDA	medicina
virus	HIV / AIDS	obat

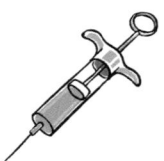 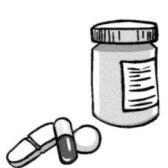 

vaccí	comprimits	pastilla
vaksinasi	tablét	pil

trucada d'urgència	tensiòmetre	malalt / sa
panggilan darurat	ngukur ténsi	gering / séhat

hospital - rumah sakit

urgència
darurat

Socors!
Tulung!

alarma
alarem

assalt
gangguan

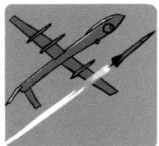

atac
narajang

perill
bahaya

sortida d'urgència
panto darurat

Foc!
Seuneu!

extintor
alat pemadam kabakaran

accident
kacilakaan

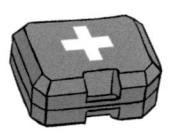

farmaciola de primers auxilis
kotak P3K

SOS
SOS

policia
pulisi

terra
Bumi

Europa
Eropa

Amèrica del Nord
Amérika Utara

Amèrica del Sud
Amérika Selatan

Àfrica
Afrika

Àsia
Asia

Austràlia
Australi

Atlàntic
Atlantik

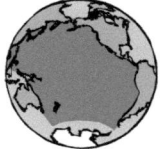
Pacífic
Pasifik

Oceà Índic
Samudra Hindia

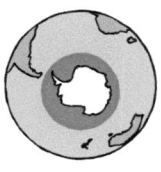
Oceà Antàrtic
Samudra Antartika

Oceà Àrtic
Samudra Arktik

pol nord
Kutub Utara

pol sud
Kutub Selatan

Antàrtida
Antartika

terra
Bumi

país
tanah

mar
laut

illa
pulau

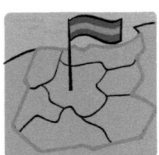

nació
bangsa

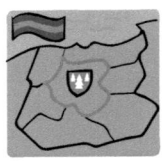

estat
nagara

terra - Bumi

rellotge
jam

quadrant
jam wajah

agulla de les hores
jarum péndék

agulla dels minuts
jarum menit

agulla dels segons
jarum detik

Quina hora és?
Tabuh sabaraha?

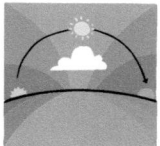

dia
poé

temps
waktos

ara
ayeuna

rellotge digital
jam digital

minut
menit

hora
jam

setmana
minggu

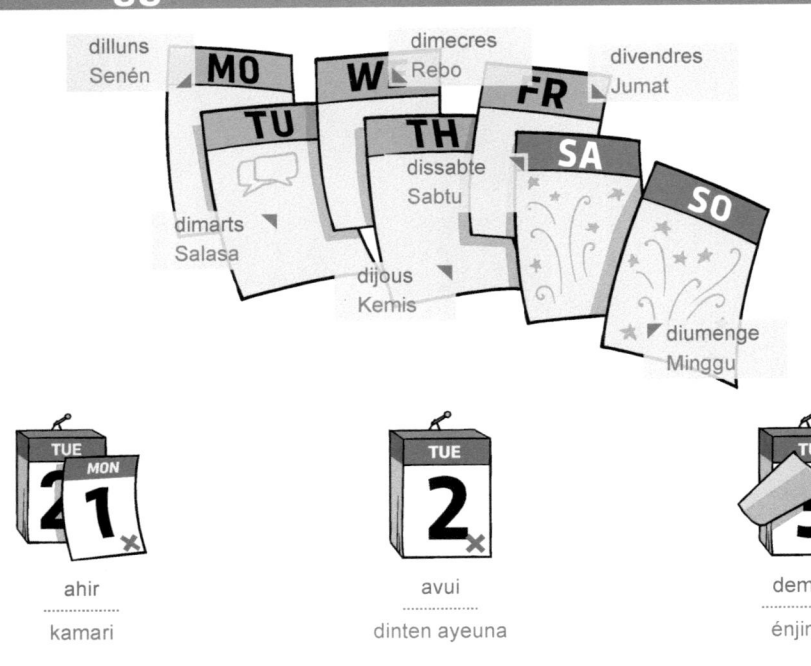

dilluns / Senén
dimarts / Salasa
dimecres / Rebo
dijous / Kemis
divendres / Jumat
dissabte / Sabtu
diumenge / Minggu

ahir
kamari

TUE / 2
avui
dinten ayeuna

demà
énjing

matí
énjing-énjing / isuk-isuk

migdia
siang

tarda
peuting

dia feiner
poé gawé

cap de setmana
akhir minggu

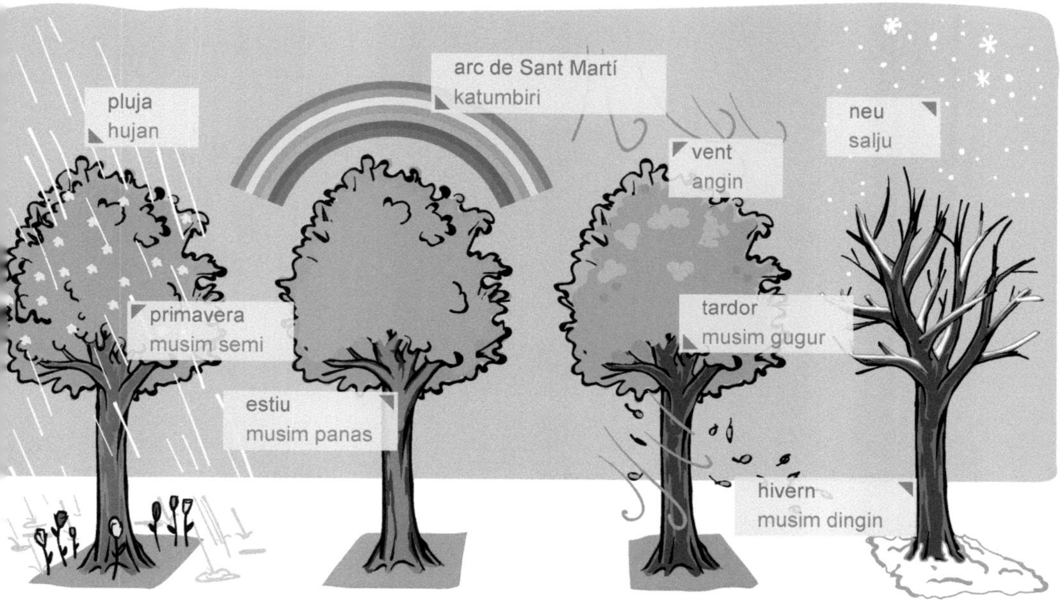

any
taun

pluja
hujan

arc de Sant Martí
katumbiri

neu
salju

vent
angin

primavera
musim semi

tardor
musim gugur

estiu
musim panas

hivern
musim dingin

pronòstic del temps
ramalan cuaca

termòmetre
térmométer

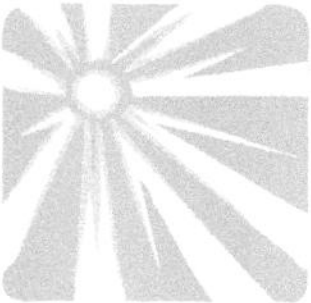

llum del sol
panon poé

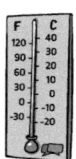

núvol
awan

boira
pepedut

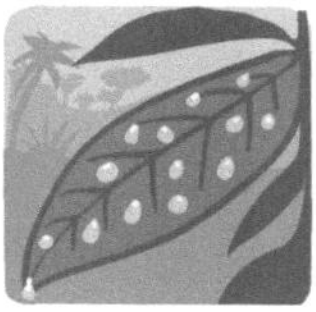

humitat de l'aire
kelembaban

any - taun

llamp
gelap

tro
guntur

tempesta
badai

calamarsa
hujan és

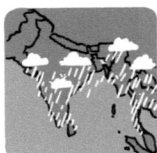

monsó
angin muson

inundació
caah

gel
és

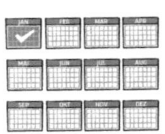

gener
Januari

febrer
Pébruari

març
Maret

abril
April

maig
Mei

juny
Juni

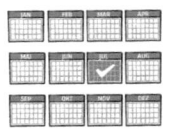

juliol
Juli

agost
Agustus

any - taun

setembre
Séptémber

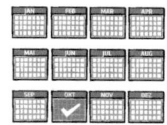
octubre
Oktober

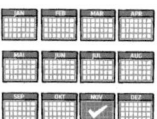
novembre
Nopémber

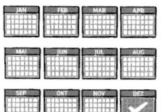
desembre
Désémber

formes
bentuk

cercle
buleudan

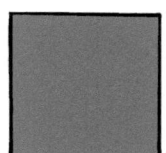
quadrat
persegi

rectangle
persegi panjang

triangle
segi tiga

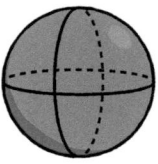
esfera
bola

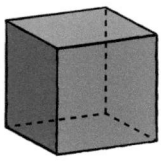
cub
kubus

colors
warna-warna

blanc
bodas

groc
konéng

taronja
oranyeu

rosa
kayas

vermell
beureum

lila
bungur

blau
bulao

verd
héjo

marró
coklat

gris
abu-abu

negre
hideung

oposats / sabalikna

molt / poc
loba / saeutik

emprenyat / tranquil
ambek / kalem

bonic / lleig
geulis / goreng

començament / fi
ngamimitian / réngsé

gran / petit
gedé / leutik

clar / fosc
caang / poék

germà / germana
dulur lalaki / dulur awéwé

net / brut
bersih / kotor

complet / incomplet
lengkep / teu lengkep

dia / nit
poé / peuting

mort / viu
paéh / hirup

ample / estret
lega / heureut

comestible / immenjable

bisa didahar / teu bisa didahar

dolent / amable

jahat / bageur

entusiasmat / entediat

sumanget / bosen

gros / prim

badag / begang

primer / darrer

kahiji / terakhir

amic / enemic

baturan / musuh

ple / buit

pinuh / kosong

dur / tou

heuras / lemes

pesant / lleuger

beurat / hampang

gana / set

kalaparan / haus

malalt / sa

gering / séhat

il·legal / legal

ilegal / legal

intel·ligent / ximple

calakan / bodo

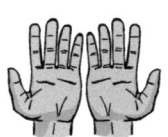

esquerra / dreta

kénca / katuhu

prop / llunyà

deukeut / jauh

oposats - sabalikna

nou / usat
anyar / urut

res / quelcom
euweuh nanaon / aya nanaon

vell / jove
kolot / ngora

encès / apagat
hurung / pareum

obert / tancat
buka / tutup

silenciós / sorollós
jempé / gandéng

ric / pobre
beunghar / sangsara

correcte / incorrecte
bener / salah

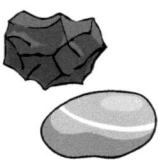

aspre / suau
kasar / lemes

trist / content
sedih / gumbira

curt / llarg
pendék / panjang

lent / ràpid
alon / gancang

humid / sec - eixut
baseuh / garing

calent / fred
haneut / tiis

guerra / pau
perang / damai

oposats - sabalikna

nombres
angka-angka

0
zero
nol

1
u
hiji

2
dos
dua

3
tres
tilu

4
quatre
opat

5
cinc
lima

6
sis
genep

7
set
tujuh

8
vuit
dalapan

9
nou
salapan

10
deu
sapuluh

11
onze
sawelas

12
dotze
duawelas

13
tretze
tiluwelah

14
catorze
opatwelas

15
quinze
limawelas

16
setze
genepwelas

17
disset
tujuhwelas

18
divuit
dalapanwelas

19
dinou
salapanwelas

20
vint
duapuluh

100
cent
saratus

1.000
mil
sarébu

1.000.000
milió
sajuta

llengües
basa-basa

anglès
Inggris

anglès americà
basa Inggris Amerika

xinès mandarí
basa Cina Mandarin

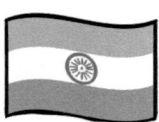

hindi
basa Hindi

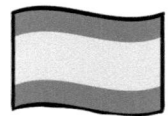

espanyol
basa Spanyol

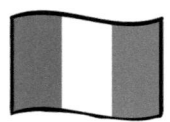

francès
basa Perancis

àrab
basa Arab

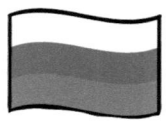

rus
basa Rusia

portuguès
basa Portugis

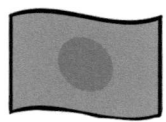

bengalí
basa Bengal

alemany
basa Jerman

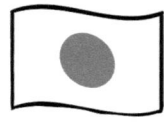

japonès
basa Jepang

qui / què / com
saha / naon / kumaha

jo
urang

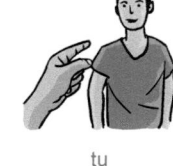
tu
manéh

ell / ella / allò
anjeunna / manéhna

nosaltres
arurang

vosaltres
maranéh

ells
aranjeunna / maranéhna

qui?
saha?

què?
naon?

com?
kumaha?

on?
di mana?

quan?
iraha?

nom
wasta / ngaran

on
di mana

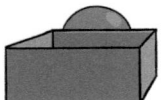

darrere

di tukang

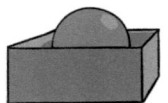

en

di

davant de

di hareup

sobre

di luhureun

a

di luhur

sota

di handapeun

al costat

di gigir

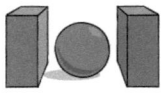

entre

antawis

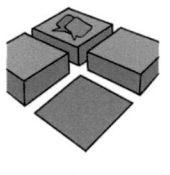

lloc

tempat